探索发现科普知识
——系列丛书——

奇妙的现象

张　俊◎主编

团结出版社

图书在版编目（CIP）数据

奇妙的现象 / 张俊主编 . -- 北京 : 团结出版社 ,2024.3
（探索发现科普知识系列丛书）
ISBN 978-7-5234-0862-9

Ⅰ . ①奇… Ⅱ . ①张… Ⅲ . ①科学知识—青少年读物
Ⅳ . ① Z228.2

中国国家版本馆 CIP 数据核字 (2024) 第 055292 号

出　　版：团结出版社
　　　　　（北京市东城区东皇城根南街84号　邮编：100006）
电　　话：（010）65228880 65244790
网　　址：http://www.tjpress.com
E-mail：zb65244790@vip.163.com
经　　销：全国新华书店
印　　装：三河市龙大印装有限公司

开　　本：170mm×240mm　16开
印　　张：6
字　　数：70千字
版　　次：2024年3月第1版
印　　次：2024年3月第1次印刷

书　　号：978-7-5234-0862-9
定　　价：215.00元（全12册）

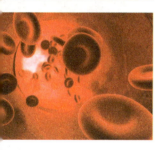

前 言

在日常生活中，只要我们稍稍留意就会发现许多有趣的科学现象。

它们有的是存在于植物、动物中的生物科学，有的是藏身于器物、天气中的物理科学，还有的是表现在人体中的人体科学。然而，就是这些星星点点、零零碎碎的科学秘趣，可能点燃我们求索的欲望。

科学是人类社会发展与进步的阶梯，它把人类一个又一个征服自然的梦想变成了现实。放眼古今，人类的每一次跳跃都离不开科学力量的推动，科学使人类的生活变得更高效。

一切知识的源泉来源于生活。当生活折射出来的智慧激发出求知者的探究热情时，求知者便会迸发出灵感。自然界和生活中的神奇现象太多了，我们每个热爱思考的人都有可能成为科学之路上的发现者、人类文明史上的领航人。

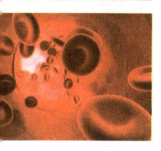

目 录
CONTENTS

part 1 无处不在的物理知识

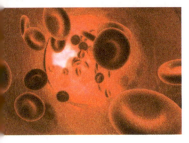

part 2 **生活中的大学问**

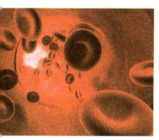

part 3　神奇的生命科学

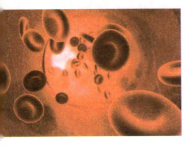

part 4　神奇而有趣的现象

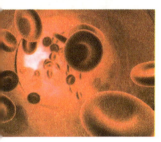

part 1

无处不在的物理知识

钢轨为何要做成"工"字形?

火车载重量都相当大,为了可以经得起火车施加的重大压力,钢轨的顶面必须有一定的宽度及厚度来承受这些压力。为了提高钢轨的稳定性,钢轨的底面也必须要有一定的宽度;并且为了适应带有轮缘的车轮,钢轨也要有相当的高度。"工"字形的钢轨刚好可以满足这三方面的要求。而且从材料力学的角度来看,这种形式的钢轨的强度既够大,也充分合理地利用了钢材,用较少的钢来承受较大的压力。底部较宽,有利于将压力分散到枕木上,减少对枕木的压强。顶部与车轮同宽,正好承受车轮的压强。中间比较细,能够将压力传导到下边,又不浪费更多的钢材。所以"工"字形断面就被选定为最好的钢轨断面。

苹果成熟后会掉落是怎么回事?

　　长在树上的苹果，成熟后若不及时采摘就会掉落到地上。为什么苹果成熟后会落向地面而不是飞向空中呢？现在我们知道那是因为地球的引力使得苹果只能向下掉落。

　　牛顿是第一个正确解答这个问题的人。他认为物体之间有相互作用的引力，引力的大小和它们质量的乘积成正比，与它们距离的平方成反比。物体之间的相互作用力使得地球对苹果有一个向下的拉力，而且这个拉力总是指向地球的中心，而不是指向地球的其他部位。所以，苹果总是向下掉到地上。

▶苹果成熟后都是落向地面

不倒翁"不倒"的秘密是什么？

我们都见过不倒翁，将其放在桌上，用手让它的上半部向一侧倾斜，松开手，不倒翁便左右摇晃起来，但不会倒下。不倒翁不倒的秘密是什么呢？

其实，要使任何物体稳定且不易翻倒，需要满足两个条件：第一，它的底面积要大；第二，它的重心要低。不倒翁的上半身是用比较轻的材料做成的，但在底部的里面有一块较重的铅块或铁块，因此它的重心很低。当不倒翁在竖立状态处于平衡时，重心和接触点的距离最小，即重心最低。而圆形底部摩擦力小，也容易使其回复到原来的位置。

▶ 小小的不倒翁中也蕴含着一定的科学道理

▶ 潮汐中的大潮往往出现在每个月的初一、十五

涨潮落潮是一种怎样的现象？

大海每天都经历一次涨潮和落潮，古人称白天的海涌水为"潮"，晚上的称为"汐"，合称为"潮汐"。潮汐是海洋中常见的自然现象，有法国文学家称海水的这种涨落现象为"大海的呼吸"。其实，从科学角度来讲，潮汐是海水在月球和太阳引潮力作用下发生的周期性运动。

在地球-月球系统中，地球受到两个力的作用：一是月球对它的引力，二是地球自转、绕日公转和绕地月系中心转动时产生的惯性离心力，这两个力结合产生合力。这种合力就称为"月球引潮力"，在引潮力的作用下导致海水有规律地运动，从而形成潮汐。

飞机会被小飞鸟"击落"吗?

　　小小飞鸟与体形庞大的钢铁飞机根本不可相提并论,但是小鸟却是飞机在空中飞行时的最大隐患。这是怎么一回事呢?

　　我们知道,运动是相对的。当鸟儿与飞机相对而行时,虽然鸟儿的速度不是很快,但是飞机的飞行速度却很快,这样对于飞机来说,鸟儿的速度就很快了。速度越快,撞击的力量就越大。

　　比如一只0.45千克的鸟儿,撞在速度为每小时80千米的飞机上时,就会产生1500牛的力,要是撞在速度为每小时960千米的飞机上,那就要产生26万牛的力。如果是一只8千克的鸟撞在速度为每小时700千米的飞机上,产生的冲击力比炮弹的冲击力还要大。所以飞鸟的小小血肉之躯也能变成击落飞机的"炮弹"。

▶ 庞大的飞机在高空飞行时最怕遇到空中的飞鸟

▶ 陀螺

▌陀螺转得越快稳定性就越高吗?

　　陀螺在快速旋转的时候，除了围绕本身的轴线转动外，还会围绕一个垂直轴做锥形运动。即陀螺一面围绕本身的轴线做自转，一面围绕垂直轴做公转。陀螺围绕自身轴线运动时速度的快慢决定着陀螺摆动角的大小。转得越慢，摆动角越大，稳定性越差；转得越快，摆动角越小，稳定性也就越好。这就像人骑自行车一样，只不过一个是直线运动，一个是圆锥形曲线运动。所以，陀螺转得越快，稳定性越高。

急刹车时乘客会向哪个方向倾倒？

汽车在行进过程中，人和车会保持着一样的速度。当急刹车时，车辆依靠与地面的摩擦力减速，而人还保持着前进的惯性，下半身因为和座位接触产生的摩擦力而随汽车减速，上半身因为不能及时减速就会向前倾倒了。

▶ 高速行驶的汽车

▶ 雾凇也是霜的一种

▍雾凇是怎么形成的？

雾凇俗称树挂，是北方冬季可以见到的一种类似霜降的自然现象，它其实也是霜的一种。

雾凇非冰非雪，它是由于雾中无数0℃以下且尚未结冰的雾中小水滴随风在树枝等物体上不断积聚冻粘而形成的。雾凇的形成需要两个条件：气温很低，水汽很充分。同时能具备这两个重要而又相互矛盾的自然条件十分难得。我国东北地区的吉林市因其特殊的地理环境和人为条件形成了独具特色的雾凇奇观。吉林雾凇季节一般从每年的11月下旬开始，到次年的3月上旬结束。

人要想听到回声需要哪几个条件？

　　人能听到回声必须满足四个条件：有声源发声；有介质传播，比如空气；声音遇到障碍物反射回来；回声到达人的耳朵比原声晚0.1秒以上。在坐满人的屋子或大厅里，人和人所穿的衣物都能吸收声波，声波就无法被反射，也就没有回声了。

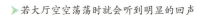
▶若大厅空空荡荡时就会听到明显的回声

大坝截面上窄下宽有什么科学道理？

如果你看过大坝，就会发现它们的形状都是上窄下宽的。水库大坝建成上窄下宽的形状，是因为水的压强随着深度的增加而增大，大坝底部建得宽就可以承受较大的水压，以确保堤坝的安全。同时，上窄下宽的形状也可增大迎水面（挡水面）上水对坝体竖直向下的压力，可以增强坝体与坝基间的最大静摩擦力，达到防治堤坝滑坡的目的。

▶水库大坝都是呈梯形：上窄下宽

攀登雪山时可以大声说话吗？

海拔高的地方空气稀薄，气压低，人体吸入的氧气也比在海拔低处要少得多，如果大声说话，会消耗更多的体力。最重要的是，声音是以声波的方式传播的，大声说话或喊叫，当声波的频率与雪山固有频率产生共振，极易让濒临崩塌的雪峰冰雪层散落，从而形成雪崩。

▶爬雪山时不要大声说话

钢轨为何隔一段距离就会留空隙?

火车钢轨隔一段就会留一点儿空隙,因此乘坐火车的时候总是伴随着"咯噔噔"的响声。钢轨之间之所以要留一点儿空隙是因为金属会因温度的变化而有热胀冷缩的现象,这个空隙是为了给这种膨胀留有一定的空间,以防轨道变形。

▶火车轨道的设计蕴含着很多科学道理

下雪后撒盐是为了什么？

在大雪过后，我们经常会看到环卫工人向马路上撒盐，为什么要这样做呢？

下大雪后在马路上撒盐主要是利用盐水的冰点低于水的冰点这一特性来除冰。盐与冰雪结合形成的少量盐水可融化周围的冰雪，从而增加盐水量，更多的盐水又可使周围更多的冰雪融化，这一过程一直持续下去，直到盐水被稀释到不能再继续融化冰雪为止。融化的冰雪可在达到冰点之前进行处理，或使其中的水分全部蒸发掉而露出路面，以此保证行车安全。

▶ 撒盐可使积雪快速融化，及时清理后就不会影响人们的出行

你知道台风产生在什么地方吗?

台风形成的条件主要有两个: 一是比较高的海洋温度, 二是充沛的水汽。

首先, 副热带海面的气温非常高, 使低层空气可以充分接受来自海面的热源; 同时那里又是地球上水汽最丰富的地方, 而这些水汽是台风形成和发展的主要原动力。其次, 副热带海面离赤道有一定距离, 地球自转所产生的偏转力有一定的作用, 有利于台风发展气旋式环流和气流辐合的增强。再次, 副热带海面气候比中纬度地区的气候类型单纯, 因此, 其海域上方的空气往往能保持较长时间的稳定条件, 有充分的时间积蓄能量并酝酿出台风。

▶台风卫星云图

▶台风登陆后气势汹汹

冬天时铁为何比木头更凉?

在相同的环境中，铁与木头的温度其实是一样的。之所以我们感觉铁质的东西比木质的凉，主要是因为铁导热比木头快。我们感觉铁很凉，是因为我们手上的热很快就被传到整个铁上去了。而木头的导热慢，当我们握木制品的时候，手上的热只传到木制品和手接触的部分，热能量不会很快被传走，所以我们就不会感觉那样凉。

同理，在炎热的夏季，我们会感到铁比木头烫得多，也是因为铁的热量很快传到了人手上，而木头传热慢，我们就不会感觉那么烫了。

▶铁与木头的传热速度不同

▶终年积雪的高山

雪山上的冰雪为何终年不化？

　　温度随着高度的增加而不断降低，平均海拔上升1000米，温度就会下降6℃左右，所以到了一定高度时气温就会降低到0℃以下。山顶温度低于0℃时，山顶的积雪就不会融化。同时，由于冰雪表面反射光的作用强，一般50%～90%的光和热都会被反射回去，使得这里不利于吸热，以致气温更低，冰雪更不易融化。所以，有些高山上会终年积雪。正是这个原因，人们在赤道附近也能看到雪山。

三棱镜可以分解阳光吗？

牛顿是最先为我们解开阳光色彩之谜的人。

阳光是由很多不同颜色的光组成的。由于这些光的波长不同，不同波长的光的折射率不同，在三棱镜下，这些不同波长的光发生折射偏折的角度会不一样，于是这些光就分散开，呈现出了自己的本色。又因为红色光偏折角最小，紫色光偏折角最大，所以我们通过三棱镜看到的阳光呈现的是彩色的，且颜色排列是红、橙、黄、绿、蓝、靛、紫的顺序。

▶ 阳光经过三棱镜后被还原

彩虹一般会出现在什么时候？

彩虹一般都是在清晨或傍晚的时候才会出现，很少出现在中午，这是为什么呢？

其实，彩虹并非是出现在半空中的特定位置，它是观察者看见的一种光学现象。彩虹看起来的所在位置，会随着观察者位置的改变而改变。当观察者看到彩虹时，它的位置必定是在太阳的相反方向。彩虹拱以内的中央，其实是被水滴反射放大了的太阳影像，所以彩虹拱以内的天空比彩虹拱以外的要亮。如果太阳的位置相对于观察者是垂直的，那么，彩虹的位置就会在地平线以下，观察者也就无法看到了，这就是为什么彩虹很少在中午出现的原因。

海水为何会呈现蓝色或绿色？

海水的颜色主要是由海水的光学性质（即海水对太阳光线的吸收、反射和散射）造成的。我们知道：太阳光是由红、橙、黄、绿、蓝、靛、紫七色光复合而成，七色光波长短不一，从红光到紫光，波长由长渐短，其中波长较长的红光、橙光、黄光的穿透能力强，最易被水分子吸收。波长较短的蓝光、紫光的穿透能力弱，当遇到纯净海水时，最易被散射和反射。又由于人们的眼睛对紫光很不敏感，往往视而不见，而对蓝光比较敏感，于是我们所见到的海洋就呈现出一片蔚蓝色或深蓝色了。如果掬一捧海水近看，海水和普通水一样，是无色透明的。

▶ 蓝色、绿色是大海的主色调

鸟停在高压线上不会触电吗?

我们总是被提醒要远离高压线，若不小心造成触电事故，往往会造成人员伤亡。可我们总能看到成群的鸟待在高压线上却没有任何危险，这是为什么呢?

原来，发生触电事故是因为人和动物在接触电时，同时接触了火线和零线；或者是人体站在地面上，身体接触到了火线，在这样的情况下，电流就会经过身体和大地形成了回路。

而小鸟一般都很小，它们的身体只接触到一根电线，鸟本身和高压线具有相同的电压，因此不会构成回路，没有电流从它们的身上流过，因而就不会触电。

▶ 只要没有电流通过鸟的身体，它们就可安全地站在上面

▶运输过程中，汽油都用铁桶装

可以用塑料桶装运汽油吗？

　　人们总是用铁桶来装运汽油，而不用既经济又轻便的塑料桶，这是为什么呢？

　　这是因为汽油是电阻率很大的易燃液体，在运输和使用过程中易积聚静电；而塑料不是电导体，不易导除静电。若用塑料桶装汽油，在运输过程中产生的静电不易被导除，当静电积累到一定程度就会发生放电现象，产生火花引燃汽油，从而造成事故。所以汽油运输时要用可以导电的铁桶，这样桶内产生的电荷就可顺着铁桶通过车体传入地下，运输的安全性就大大地提高了。

指南针指向的是地球的正南方吗?

虽然被叫作指南针,但指南针并不指向地球的正南方向,而是有所偏差。这是因为指南针指向的是地磁的南北两个极点,而这两个极点与我们所说的地理学上的南北两极并不重合。

在地理学上,地理南极是地轴的南端,地理北极是地轴的北端;地磁场在地球表面的两个极点与地理南北极并不重合,而且位置不固定。因此,指南针的指向与地理波上的南北两极都存在一个偏角,即地磁偏角。只有在无磁偏角的地方指南针才指向正南和正北方向。

▶指南针

part 2

生活中的大学问

▶空调房虽凉快，但不可长时间待在里面

开空调的房间可以长待吗？

空调在炎热的夏季给人们带来了凉爽，现在拥有空调的家庭和办公场所越来越多，但是人不宜长时间待在开空调的房间中。这是因为空调启动后，为了保证制冷效果，必须关闭门窗，室内的一氧化碳、氮氧化物、悬浮颗粒就会越来越多，以致空气受到污染，对人体健康不利。空气污染还会使对人体有益的负离子减少。所以，夏天不能长时间待在空调房中，应注意开窗通风，并适当到户外进行体育锻炼，以适应自然温度，提高身体免疫能力。

把磁铁放在彩电旁边会怎样？

电视的显像原理是利用磁场改变电子束的方向，打在屏幕的荧光物质上，才出现了生动的画面！彩色电视机旁边若有磁铁等磁性物质，这些外部磁场就会改变电子束在原磁场受到的洛伦兹力，那么就改变了电子束原来运动的轨迹，使电视机不能正常显示画面，如出现色斑等。如果及时拿走磁铁，电视画面就会自动恢复正常；若磁铁在电视机边时间久了，电视自带的消磁电路将无法修复。

▶ 不要将磁场强大的磁铁放在彩电旁边

地下水为何冬暖夏凉？

如果你有机会在不同的季节接触到地下水，就会发现它在冬天很温而夏天却很凉，这是什么原因呢？地下水冬暖夏凉主要是因为地下水的温度不随外界温度的变化而变化。夏天地表温度为20～30℃，而地下的温度受气温变化而发生的变化小，一般情况下，地下水的温度基本上常年保持在10℃左右，这个温度的地下水一般是浅层地下水和承压水；冬季外界温度相对地下水又低很多，所以人们感觉地下水是暖的。

▶地下水的温度受外界气温的变化而发生的改变较小，所以会呈现"冬暖夏凉"的现象

夏天穿深色衣服要比浅色衣服热？

在炎热的夏季，人们多会选择浅颜色的衣服，被选的最多的颜色就是白色。若穿上黑色、蓝色等深颜色的衣服就会感觉比较热，这其中蕴藏着一定的科学道理。

不同的颜色吸收和反射阳光的能力和强度是不同的。浅色的衣服能反射较多的太阳光，因而吸收太阳光的能量少，人就不会感觉那么热；黑色等深颜色的衣服反射能力差，吸收的太阳光能量多，人很快就能感觉到热。

因此，炎热夏季时人们多数都穿浅色的衣服，在寒冷的冬季则大多穿深颜色的衣服。

▶ 夏季，白色衣服是多数人的首选

书放久了怎么会变黄？

纸张主要是以木材为原料制成的。因为纸张里含有木材纤维，这些天然的木材纤维大多数带有淡淡的黄色。为了除去这些黄色，制造出白色的纸张，近代一般将具有不稳定性的二氧化硫加入纸浆中。二氧化硫具有漂白的作用，可以和纸浆中有颜色的物质发生化学反应，生成另一种无色的不稳定化合物。这时，纸浆的颜色就会变白。随着纸放置的时间久了，慢慢地无色化合物会被氧化分解，这时纸就又变成黄色的了。

由于光也可以使纸里的纤维素发生化学变化，从而使纸变黄、变脆。因此书籍应该避光保存，并放置在干燥阴凉的地方。

▶ 书放的时间长了往往会变黄

冬天时发动汽车有什么问题？

生活在北方的人都知道，冬天想要开车出门都会提前将车预热一下，这是为什么呢？

首先，在天气非常冷的时候，汽油蒸发的速度会很慢，因此更难于燃烧，发动机就无法启动。

其次，机油流动受阻。在冬季里，机油的黏度变大，机油流动也越发困难，从而使发动机发动时阻力增大，这就造成了汽车在冬季时的冷启动困难。

最后，汽车电瓶电力不足。在低温下，汽车的耗电量会明显大于其他季节，电瓶也会因为低温环境而变得电容量降低。及时充电或更换新电瓶也是保证汽车正常发动的要素之一。

▶ 冬天时汽车发动比其他季节困难得多

▶茶壶盖上都有一个小孔

▌茶壶盖上的小孔有什么作用?

小小的茶壶也蕴含着一定的科学道理,你知道茶壶盖上为什么都有一个小孔吗?

通过这个小孔,茶壶内的空气就与外面的大气连在了一起。往外倒水时水从壶嘴里流出来,壶里的空间增大,外面的空气就可及时从小孔进到壶里,使壶里空气的压力与外面大气的压力相同,水就会不断地从壶嘴里流出来。如果没有这个小孔,空气就不能随时流进茶壶里,当水从壶嘴里流出一部分后,里面的空气压力小,外面的空气压力大,壶里的水就不容易倒出来了。

这个小孔还起到排放水蒸气的作用。若没有小孔,水太烫时水蒸气就会聚在壶口。如果突然打开盖子,水蒸气喷出时就有可能会烫伤手部。有了这个小孔,一部分水蒸气会从口中散出,且内外气压相同,水蒸气会平缓散出,安全性就提高了。

在风口处睡觉好不好？

　　没有遮挡而且风比较大的地方被称为风口。房屋家居中也有风口，人在休息或睡眠时最好避开风口。这是因为人睡觉时全身机体都处在放松的状态下，汗孔也放松地张开。如果睡在风口下，皮肤受凉后汗孔就会收缩，阻碍体内热量散发。若发生闭汗，人就容易生病，甚至会使脸上的神经麻痹，出现口眼㖞斜等症状。有些人虽不至于出现口眼㖞斜的病症，但也往往会感到关节酸痛无力、头痛等。

　　为了身体健康，睡觉的时候一定要避开风口位置，并注意保暖。

▶为了身体健康，睡觉时需要避开风口位置

▶ 开窗通风

早晨起床后开窗通风有什么好处？

　　早晨起床后开窗通风已经成为很多人的习惯，其实这样做对健康是很有利的。在深秋和寒冷的冬季，人们一般都是紧关着门窗睡觉的。待在密闭的房间里，全家人呼出的二氧化碳不能及时排出，全部积存在房间里面，随着氧气逐渐减少，屋里的空气就会变得十分浑浊。此时开窗，可以将屋内污浊的空气及时赶走，让新鲜的空气进入屋里，各种细菌、病毒等就难以繁殖与生存。可以说，开窗通风也是家庭最简单经济的空气消毒办法。

　　一般在太阳升起时就可以开窗通风了，寒冷的冬季时通风时间不必很长，一般15分钟左右就可以了。注意，一定要让空气充分对流，以保证污浊的空气被及时排出。

肥皂泡是先上升后下降吗？

用一个小细管浸上肥皂水就可以吹出五彩的泡泡。若仔细观察，你会发现这些肥皂泡开始时总是上升的，随后慢慢下降，这其中包含着一定的科学道理呢！

肥皂泡刚开始形成时，其中包含的是人吹出的热空气，肥皂膜将它与外界隔开，肥皂泡里的热空气温度大于外部的空气，其密度相对于外部空气就小，肥皂泡就会上升。这跟热气球上升的原理是一样的。在上升过程中，随着时间的推移，肥皂泡内、外的气体发生了热交换，随着内部气体温度下降，肥皂泡的体积也随之减小，它受到的空气浮力也会逐步变小，肥皂泡就会下降了。

▶肥皂泡

人距离镜子越远越走样?

　　人与镜子保持适当的距离才能看出自己的"真面目"，人距离镜子越远照出的像越走样，这是怎么回事呢？

　　因为镜子后面都有一层镀银，镜子里的像就是由镜后镀银面的反射形成的。镀银面不平或玻璃厚薄不均匀照出的像就会产生走样的现象。根据光放大原理，人距镜子越远，镀银面的反射光到达的位置就越偏离正常位置，镜子中呈现的像就越走样。

▶ 照镜子

在冰下生活的鱼会被冻死吗？

北方的冬天十分寒冷，河面上常常结了厚厚的一层冰，冰层下的鱼照样能游来游去。为什么冰层下的鱼在寒冷的冬天不会被冻死呢？

这是因为冰只结在水的表层。如果温度很低的话，冰层相对较厚。但是厚厚的冰层就像大棉被一样，使冰下的水不会太冷。一般水在0～4℃时热缩冷胀，冰的密度小于水面，也就是说冰面以下水的温度一般在4℃左右，这个温度是鱼能承受的温度。而且鱼是冷血动物，温度越低新陈代谢越慢，只要不结冰，其需氧量和饮食近乎停止。所以，它们在冰层之下仍能生存，只是活动较慢，不像温暖季节时那般灵活。

▶ 鱼有一定的耐寒能力

秋天的树叶为何会变色？

深秋时节，树叶没有了绿色，却出现了红色、黄色等其他色彩，为什么树叶会变颜色呢？

树叶变色的原因与其蕴含的化学物质——叶绿素有关。当秋天来临时，白天的时间逐渐缩短，与夏日相比气温也降低了，树叶停止制造叶绿素，开始将剩余的养分输送到树干和树根中储存，以保障过冬的营养供应。树叶中缺少了绿色的叶绿素，与此同时，其他化学色素开始显现出来，所以我们大多看到的是黄色、褐色、红色等颜色的树叶。

▶深秋时节，树上的绿叶都变了颜色，换了新装

豆腐冰冻后为何会"千疮百孔"?

白白嫩嫩的鲜豆腐在冷冻之后就会变得"千疮百孔",内部充满了无数的小孔,这些小孔大小不一,形状各异,里面都充满了水分。这是由水的特性造成的。

水在4℃时密度最大,体积最小;在0℃时可结成冰,变成固体,其体积比液体时要增大1/10左右。豆腐被冷冻后,里面的水分就结成了冰,原来细密的小孔就被冰撑大了。当冰融化成水从豆腐里跑掉以后,这些被撑大的孔洞却不会变小,整块豆腐就像网络形状的泡沫塑料一样。冷冻过的豆腐样貌虽不佳,但富有弹性,且能浸入汤汁,冻豆腐吃起来的味道就很美了。

▶豆腐冷冻后里面的小孔会被撑大

锅中的水烧开后不会溢出来，粥烧开后会怎样？

同样多的水和粥分别在锅中烧开，若不掀开锅盖，水开后不会溢出来，但粥烧开后却会溢出来，这是为什么呢？

水烧开时，水蒸气泡升到水面就立即爆破，不会积聚起来，水面的高度不会升高太多，水就不会溢出来。

玉米粥或大米粥烧开时，其中的淀粉和水混合后变成糊状，增大了粥的黏性，水蒸气泡不易爆破，一直积聚在粥面上，越堆越高，就会把锅盖掀开并溢出来。因此，当粥烧开之后，可将锅盖掀开一点，这样粥就不会溢出来。

▶ 粥在熬制过程中，经常会溢出来

煮食物时是火越旺煮得越快吗？

在煮食物时，多数都是用大火烧开，然后用小火煮，这是因为煮食物时并不是火越旺煮得越快。因为水沸腾后温度不变，即使加大火力也不能提高水温，只能加快水的汽化，使锅内的水蒸发变干。因此，煮食物时大火烧开后，用小火保持水沸腾就可以了。

热油锅溅上水为何会发出"叭叭"声?

油炸食物时,热油锅中若溅入水滴会听到"叭叭"的响声,并溅出油来。这是因为水的沸点低于油的沸点(食用油的沸点一般都在200℃以上,水的沸点为100℃),水的密度又比油大,溅到油中的水滴沉到油底后迅速升温沸腾,产生的气泡上升到油面时破裂,就发出了"叭叭"的响声。

厨具的手柄采用金属好不好?

家里的厨具手柄一般都是塑料制成的,也有部分木质手柄。为什么厨具手柄不是金属的呢?这主要是因为金属导热能力强,在做饭过程中,金属手柄温度过高会使人出现烫伤等危害。而塑料制品的锅铲手柄属于热固性塑料,具有耐高温、隔热、美观、手感好等特点,十分适合厨具的使用特性。

▶ 厨具手柄一般都是塑料或木制品

刀刃比刀背薄有什么科学道理？

菜刀作为厨房的主要用具之一，其刀刃要比刀背薄很多，这样的设计有什么科学道理吗？

我们知道任何物体承受的压强都有一个限度，超过这个限度后物体就会被压坏或陷入其中。用菜刀切蔬菜等食物时，要想使菜刀切入物体就必须使菜刀对物体的压强大于物体表面所能承受的最大压强。在用力较小的情况下，我们可以通过减小刀口与物体的接触面积来增大菜刀对物体的压强。所以菜刀的刀刃要薄而锋利，这样切起菜来就快而省力。

▶菜刀

酒是如何除去腥味的?

在制作鱼或肉类等有腥味的食物时，人们都会放点料酒，若没有料酒就会放一点儿白酒，其腥味就很小了。为什么酒可除去腥味呢？

这是因为酒中含有一定量的酒精，酒精是很好的有机溶剂。食物有腥味是因为含有三甲胺，而三甲胺能被酒精溶解，随着食物被加热而与酒精一起挥发掉。所以，在烹饪一些有腥味的食物时，人们都会放一点儿白酒。

▶白酒

用盐腌过的食物为何不容易变质？

盐腌是保藏食品的一种方法，如腌咸鱼、咸肉等。腌制出来的食物，不仅能防腐，且保存时间较长。为什么食物用盐腌过就不容易变质呢？

我们知道，食物的腐败变质是由于细菌滋生引起的，而盐可以抑制细菌的活动。大部分细胞在盐含量高的环境下，由于渗透作用会失水，其目的是帮助细胞内外溶液浓度相同。失水过多，细胞就失去了活性，甚至不能存活。没有了细菌，食物也就不会腐败变质了。这是最原始、最简单的化学保存食物的方法之一。

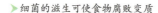
▶细菌的滋生可使食物腐败变质

▶将牛奶作为早餐的话，一定要配上饼干或面包食用

空腹喝牛奶到底好不好？

牛奶营养丰富，但是不宜空腹饮用。这是因为牛奶的大部分是水分，会稀释胃液，影响人的消化和吸收。另外空腹时肠蠕动很快，牛奶很快通过胃肠，存留时间很短，其营养成分往往来不及被吸收就匆忙进入大肠。因此，牛奶最好能与面包、饼干等食物同食。

鸡蛋吃太多是好事吗？

鸡蛋富含蛋白质、脂肪、钙、磷及维生素A、维生素D等，由于鸡蛋中蛋白质的组成比例非常适合人体的需要，所以是天然食品中最优质的蛋白质。鸡蛋味美、营养丰富，但不可多吃，多吃反而对健康不利。

由于蛋白质的体积比较大，它必须在喝足了水的情况下才能被分成一个个小颗粒再进入体内。我们根据身体需要选择了其中的精华部分后，便把剩余部分废物送到肾脏，和体内多余的水分等一起形成尿液排出体外。所以，当食入大量蛋白质后，不仅会加重肾脏的工作负担，还会使体内的水分大量丢失。且大量的蛋白质若一时不能被消化，将停留在肠道内，在肠道内一些细菌的作用下会发生腐败，产生一些有毒物质，对我们的健康不利。一般每天吃一个鸡蛋就足够了。

▶鸡蛋有营养但不宜多吃

多吃蔬菜为何有益健康？

健康的身体需要多种营养物质的支撑，这些营养物质除了通过馒头、米饭和肉类获取外，还需要从蔬菜中获得。

蔬菜本身具有很高的营养价值，其主要营养成分是维生素和矿物质，颜色深的蔬菜的营养更为丰富，如小白菜、菠菜、韭菜等，富含维生素B_2、蛋白质，其营养价值比起颜色浅的蔬菜高得多。日常食用的胡萝卜、红薯等蔬菜中含有丰富的胡萝卜素，其在肝脏里可以转化成维生素A，对改善人的视力有好处。

蔬菜里面还含有大量膳食纤维，被誉为"第六种营养"，没有什么食物可以替代。虽说膳食纤维不会提供给身体太多营养，但是却可以增加人体排便排毒的功能，对人体健康非常有利。

▶ 多吃蔬菜有益身体健康

▶ 豆浆、豆腐是人们最常食用的豆制品

豆类食品对人体有哪些好处?

大豆是我国的传统食物。大豆富含蛋白质,占40.4%,而且所含的人类必需氨基酸很丰富。大豆中的脂肪含量也高(18%),其中80%以上为不饱和脂肪酸,还含有维持身体健康不可缺少的亚油酸和可延缓机体老化的维生素E,以及预防动脉硬化的卵磷脂。大豆蛋白与动物蛋白不一样,不含胆固醇,而有豆固醇,其有降低血清胆固醇、防止脑出血和动脉硬化的作用。因此,豆类食品深受人们的青睐。另外,还有用大豆制成的别具风味的五香豆腐、豆腐干、腐竹等,被人们称为"植物肉"。特别要说的是豆浆,它是预防成人肥胖的饮料。豆浆与牛奶相比,除含有牛奶的全部成分外,不饱和脂肪酸、钾、维生素A、B族维生素的含量均高于牛奶。

part 3

神奇的生命科学

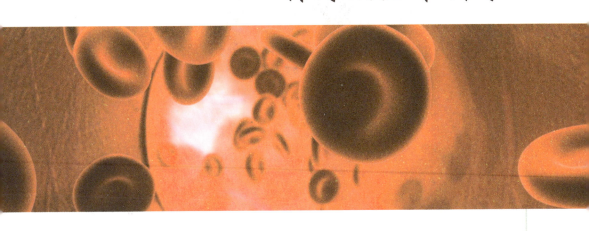

眼泪有什么作用？

眼泪并不是哭泣才会有的，在平时泪腺就会不停地制造泪水。眼泪的用处很大，眨眼的时候眼泪就被均匀地抹在眼球上，对眼球起着湿润的作用。迎风流泪就是为了保护眼睛的角膜，使角膜始终保持湿润。眼泪还能冲刷掉眼球表面上的脏东西，当有异物进入眼睛里时，就会有大量的泪水流出，把异物冲出眼睛。

此外，眼泪还有杀菌作用。眼泪中含有溶菌酶，溶菌酶可以杀死一些细菌，是保障眼睛不被致病菌感染的重要因素。

▶眼泪可湿润眼球，冲出眼睛里的异物，还有杀菌作用

多看绿色对眼睛有什么好处？

眼睛可使我们看到五彩的世界，若从缤纷的色彩中选出对眼睛最有益的颜色，则绿色为首选。

各种颜色对光线的吸收和反射是各不相同的，红色对光线的反射是67%，黄色的反射是65%，绿色的反射是47%，青色只反射36%。由于红色和黄色对光线的反射比较强，因此容易产生耀光而刺眼。青色和绿色对光线的吸收和反射都比较适中，所以对人体的神经系统、大脑皮质和眼睛里的视网膜组织比较适应。且绿色、青色的光线还能吸收强光中对眼睛有害的紫外线，减少强光对眼睛所产生的刺激。所以，在紧张的学习、工作之余，可眺望一下窗外的绿色树木，或者欣赏一下室内的绿色花草，都可使眼睛得到放松。

▶ 看书或工作时间长了，看看绿色植物或远处的景色可使眼睛得到休息

心脏为何能一直跳动？

人从胎儿时期心脏就开始了跳动，这种跳动要持续一生。为什么心脏可以持续跳动几十年呢？它跳动的动力来自何处？

心脏能够一刻不停地跳动，是因为人体右心房处有一种由特殊细胞构成的小结节，即窦房结。窦房结是心脏搏动的最高"司令部"，健康的窦房结具有强大的自律性，它可以自动而有节奏地产生电流，电流按传导组织的顺序传送到心脏的各部位，引起心脏的收缩和舒张，并使心脏进行有节律的周而复始的收缩和舒张活动。心脏跳动可推动血液流动，向器官、组织提供充足的血流量，以供应氧和各种营养物质，并带走代谢的终产物（如二氧化碳、尿素和尿酸等），细胞就可维持正常的代谢和功能，人就得以生存。

▶ 心脏是人体血液循环的动力

头发掉了还能长出来吗?

　　每个人平时都有掉发现象，但头发掉了还能长出新的头发来，所以一般头发的总量没有多大变化。为什么人的头发掉了还能长出新发来呢？

　　这是因为头发像花草一样也有根，它的根埋在头发底下的毛囊里，只要毛囊没有病、不坏死，即使头发掉了，在原处还能长出新的头发来。由于头发有一定的生长周期，因此平时人们都会有掉发现象，只要不是大量地脱落，头发的总量一般不会变少。

▶ 头发掉了还能长出新发

▶ 手部末梢神经丰富，对痛觉最敏感

"十指"真的"连心"吗?

"十指连心"意思是十个指头连着心，表示身体的每个小部分都跟心有不可分的关系。其实这不仅仅是一个成语，其中还蕴含着一定的科学道理。

从中医角度来说，十指连心是因为每一根手指都有经络，这些经络经过四肢直接通到大脑。当我们运动手指时，就可以运动到大脑里不同的中枢。而脑即中医的"心"，心主神，所以称十指连心。

从西医的理论分析来看，人体受到各类刺激（冷、热、刺痛等）都是由末梢神经中的感觉器官经神经系统传导到大脑皮质的神经中枢，再由大脑皮质进行分析后做出反应，把信息反馈给肢体的各个部分，这一过程被称为神经反射。人的手指是末梢神经最丰富的地方，对痛觉最敏感，当手指在受到外界刺激时大脑接收到的刺激也最强烈，疼痛的感觉也最显著。

指甲会不停地生长吗?

我们的手指甲隔一段时间就要被修剪一下,否则指甲过长就会积存细菌,也会妨碍到手部的活动。为什么手指甲不断被修剪却仍然能不停地生长呢?

人的手指甲是由一种硬角蛋白组成的,是从表皮细胞演变出来的。在指甲的根部,有一个呈半月形的白色区域,叫作甲根,这里是指甲的生产工厂。甲根不断地制造角质蛋白细胞。角质蛋白细胞从出生到死亡,每时每刻都在进行着新陈代谢。指甲由死亡的角质蛋白细胞构成。当新的角质蛋白细胞产生时,会将指甲向外推出,所以指甲就能够不停地生长。

指甲有保护手指头的功能,使手在活动时不致被碰伤柔软的尖端。正常情况下,手指甲每天大约以0.1毫米的速度生长。但是,如果出现甲外伤、营养状况不良等状况,指甲的生长速度就会受到影响。

▶指甲能不停地生长

"少白头"是怎么回事？

一般而言，长白头发是老人的标志，但有些青少年也有长白发的困扰。对于青少年的白发现象，人们称为"少白头"，是什么原因造成了"少白头"的现象呢？

生白发是由于头发髓质和皮质里黑色素颗粒减少或被空气填空的缘故。正常情况下，毛乳头内有丰富的血管，为毛乳头、毛球部提供充足的营养，黑色素颗粒便会被顺利合成。当黑色素颗粒在毛乳头、毛球部的形成发生障碍，或虽然形成但因某种因素不能被运送到毛发中去，从而使毛发髓质、皮质部分的黑色素颗粒减少、消失时，就会出现白发。

除去遗传因素，如果青少年长期精神紧张、忧愁伤感、焦虑不安，这种不良的精神状态也容易造成毛发的黑色素功能发生障碍，从而出现"少白头"。

▶人老后就会长出白发

洗热水澡能消除疲劳吗？

人们在繁重的劳动或者紧张的运动、学习之后总会感到疲乏，这时人们往往会洗个热水澡，或者在浴缸中泡澡，洗澡过后就会感觉神清气爽，放松了许多。为什么洗热水澡能消除疲劳呢？

身体疲劳产生的主要原因是运动过量导致的肌肉酸痛、血液缺氧。洗热水澡能刺激汗孔扩张、加速血液循环，使肌肉得以放松。对于精神性疲劳，可采取盆浴，在温水中浸泡半小时左右，可有效促进血液循环，增强机体的新陈代谢，从而消除身心疲劳。

另外，洗澡还可洗掉身上的汗液和排泄物，令肌肤清爽松弛，人也会感觉轻松很多。

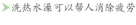
▶洗热水澡可以帮人消除疲劳

睡前用热水洗脚好不好?

晚上用热水泡脚后再上床睡觉就会睡得快而且睡得香。这其中有什么科学道理呢?

在白天,人们大部分时间处于坐或站的状态下,下肢的血液要回流到心脏里,因受重力的影响使回流较为困难。脚掌远离心脏,血液供应相对较少,用热水洗脚能使血管扩张、血流加快,增加对足部皮肤和组织的营养供应。加之睡觉时我们平躺在床上,下肢的血液回流就比较容易。下肢血流量增大,就降低了脑血流量,促使大脑皮质由兴奋转入抑制,人就更容易入睡,且睡得更香。

经常用热水洗脚,患脚癣的机会就会减少。热水洗脚还能治疗一些疾病,如咽痛、牙痛。洗脚可以减轻疼痛,有助于消除炎症。西医认为用热水洗脚改善了血液的末梢循环,还可增强人的免疫力。

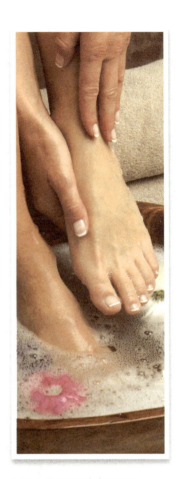

▶晚上用热水洗脚有助睡眠

天热时人为什么容易出汗?

出汗是人体新陈代谢的正常生理现象,特别是夏季天气炎热时,人就更容易出汗。为什么人在天热的时候就容易出汗呢?

正常出汗具有调节体温、滋润皮肤的作用。出汗可以挥发人体内的热量,保持体温的相对稳定和各组织器官的正常活动。在炎热的夏天,大量出汗可以降低体温,防止中暑。同时,汗液中的乳酸能够软化皮肤角质层,抑制细菌生长,防止某些皮肤疾病的发生。由于出汗能排出部分尿素,所以对肾衰竭者还有一定的辅助治疗作用。但如果排汗过多,就要影响到体内的水分和盐类的平衡,所以夏季大量出汗之后要及时补充水分和盐类。

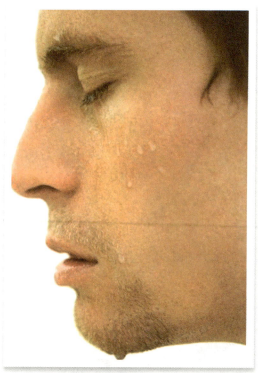

▶ 出汗可以帮人体调节体温

为何每个人的指纹都不一样?

　　每个人都有自己独特的指纹，利用指纹的独特性可进行犯罪调查和安全防护等工作。为什么指纹具有独特性呢?

　　指纹是一种奇异的成螺旋状的纹路，同一个人手上的指纹也是各不相同的，这些纹路的形成是遗传和环境这两个因素相结合而产生的。DNA中的遗传代码在胎儿的形成阶段就发出了皮肤如何生成的总体"命令"，但是其具体细微之处的形成则是一种随机事件。胎儿特定时期在子宫中的特定位置，以及周围羊水的密度和其他物质，决定了每一个个体指纹纹路的不同。外界环境如天气状况等，也会影响到指纹的形成。由于指纹的形成过程是非常无序的，即便是同卵双胞胎，其指纹也存在着一定的差别。因此，指纹可以作为一个人的特殊标记。

▶ 指纹是每个人的特殊标记

用鼻子呼吸有什么好处?

鼻子是呼吸系统的重要器官,在平时或在锻炼的时候都应该养成用鼻子呼吸的习惯,尽量不要用嘴呼吸。

这是因为鼻腔中有鼻毛和黏液,可以拦截、吸附大量灰尘、细菌,从而保护肺部的健康。而嘴是消化系统的起始部位,如果用嘴呼吸,口腔是开启的,很多细菌、灰尘不能被拦截而直接被吸入到肺中;冬天更会使冷空气直接进入肺部,对肺产生强烈的刺激,会引起不良后果。为了身体健康,平时要尽量用鼻呼吸。若剧烈运动时,由于对氧气的需求量增大,则可采取鼻、嘴一齐呼吸的方法,但注意不要使嘴张得太大,以防吸入太多冷空气,对肺造成刺激。

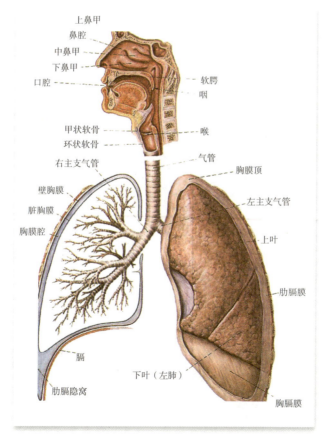

▶ 人体呼吸系统

夏天长痱子是怎么回事?

夏天天热,人身上出汗多。有的人身体和皮肤的抵抗力较差,如果不经常洗澡,汗水不能顺畅排出,有时就会长痱子,痒热难耐。

痱子是夏天最多见的皮肤急性炎症。夏季气温高、湿度大,身体出汗过多且不易蒸发,汗液浸渍表皮角质层,致汗腺导管口闭塞,汗腺导管内压升高导致其发生破裂,汗液就会渗入周围组织。汗液中含有氯化钠等无机盐,汗水蒸发后留下的盐会刺激皮肤,使周围组织发炎,表现为皮肤出痱子。

生了痱子后不要用手抓,也不要用强碱性肥皂洗,更不要用热水烫。可用温水冲洗擦干,扑撒痱子粉,连续几日即可痊愈。

夏季,婴幼儿最易生痱子,常洗澡可降低痱子的发生率

感冒后鼻子为何会失灵？

人感冒之后往往头昏、鼻塞，还经常会嗅觉失灵，闻不出味道。为什么感冒之后就会闻不出味道来呢？

人感冒之后，鼻黏膜会充血肿胀，有时会把鼻子堵住出不来气，鼻子闻到的气味就会减少。而且鼻黏膜充血肿胀以后，鼻涕也会增加，这些鼻涕盖在鼻黏膜上，将鼻黏膜与空气隔开，挡住了气味对嗅觉细胞的刺激。所以，人感冒了以后就闻不出味道来了。

▶感冒后往往会出现鼻塞、流鼻涕等症状

舌头是怎样尝出味道的？

人吃到各种食物后就能说出该食物的味道，酸甜苦辣都躲不过舌头的品尝。为什么舌头能尝出味道呢？这是因为舌头上有"味蕾"。

味蕾是味觉的感受器，它们各有各的任务，有的管咸味，有的管甜味，有的管酸味，有的管苦味等。在感受到食物味道的刺激后，它们就会把这些信息通过神经传入大脑，使人产生味觉。

人对甜味食品最敏感的地方是舌尖，对苦味最敏感的是舌根，对酸味最敏感的是舌两侧的后半部分，对咸味最敏感的是舌两侧的前半部分和舌尖。知道了酸甜苦辣的敏感区，在吃苦药的时候若避开这些区域，就会感觉苦药也不那么苦了。

▶舌头可以让我们感受到食物的酸甜苦辣

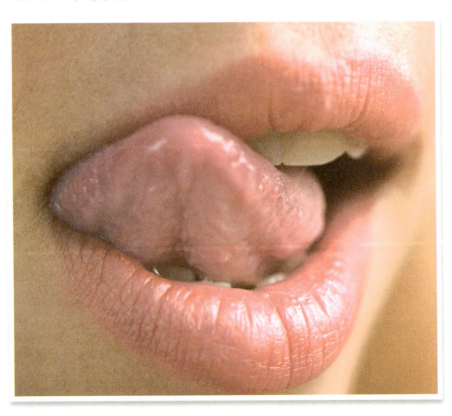

▶吃盐也是满足身体的需求

人长期不吃盐会怎样?

　　人每天都要吃饭喝水，吃饭的时候菜中都要放一点儿盐，如果人长期不吃盐就会食欲不振、全身乏力。为什么人必须吃盐呢?

　　吃盐不仅是为了调味，也是我们身体的需要。盐是由钠和氯合成的，它们是使细胞外的水分与溶解物质保持平衡的主要调节者。钠离子、氯离子与细胞内液中的钾等共同调整细胞与血液之间的容量、渗透压和酸碱平衡，维持细胞的正常结构和功能。如果长期不吃盐，体内缺钠就会影响细胞对氨基酸和糖的吸收，减少胃液分泌，引起生理功能紊乱，出现肌肉酸痛、周身乏力、精神萎靡、食欲不振、呕吐等症状。

　　人必须吃盐，但是每日进食的盐量不可过多，一般5克左右即可。

▶ 儿童时期，男孩、女孩的声音都很清脆

男女的声音为何不一样？

在儿童时期，男孩、女孩的声音都很清脆，但进入青春期后男孩开始变声，成年男女的声音明显不一样。男、女声音的不同主要是由声带的变化导致的。

人在儿童时期，男孩和女孩的声带几乎一样长，所以发出的声音听起来差不多。到了十二三岁以后，男孩的喉结增大，声带变得比较长，声音就逐渐变粗了，女孩的声带仍然又短又窄，发出的声音高而尖，男人和女人的声音差别就越来越明显了。

伤口上撒盐为何特别痛？

往伤口上撒盐会使人伤痛加剧，为什么伤口碰到咸的东西人会感觉特别痛呢？这是因为水分是从浓度低的地方向浓度高的地方渗透的。伤口处没有皮肤保护，是直接暴露的组织，人体的盐分浓度是0.9%，当有盐进入人体细胞组织时，细胞内的水分会大量被盐"吸"走，伤口表面的细胞大量死亡，所以人就会觉得特别疼痛。

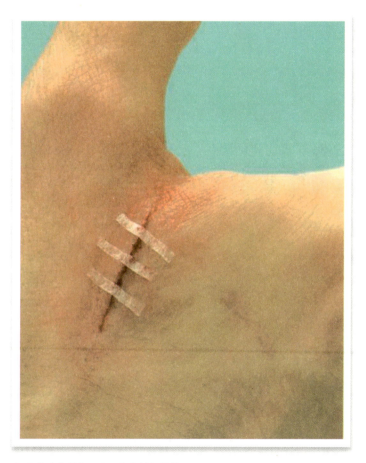

▶当皮肤出现伤口时一定要好好保护

婴儿刚出生时为何会哭个不停？

人们往往用"呱呱坠地"来形容婴儿出生的那一刻，为什么婴儿一出生就会哇哇大哭呢？这是因为他们正在大口地呼吸着第一口空气。

婴儿在母体内通过脐带得到氧气，送走二氧化碳，不用自己呼吸，但从母体出来后，脱离羊水和脐带后就需要自己用肺呼吸了。他们吸进的第一口空气会冲到喉部去，这会猛烈地冲击声带，令声带振动，然后发出类似哭叫的声音。

▶哭声是婴儿来到这个世界上的第一语言

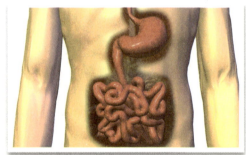

▶饿了的时候，我们的胃就会发出"咕噜咕噜"的声音

肚子饿了为何会"咕咕"叫？

每当我们激烈运动后，或者过了吃饭时间还没能吃饭就会感觉肚子很饿，饿得厉害时肚子就会发出"咕噜咕噜"的声音。为什么肚子饿了就会"咕咕"叫呢？

这是因为之前吃进的食物快消化完了，胃里空空的，但胃中的胃液仍会继续分泌。这时候胃的收缩便会逐渐扩大，在胃的激烈收缩下，胃中的液体和气体便被挤压得东跑西窜，从而发出声音。

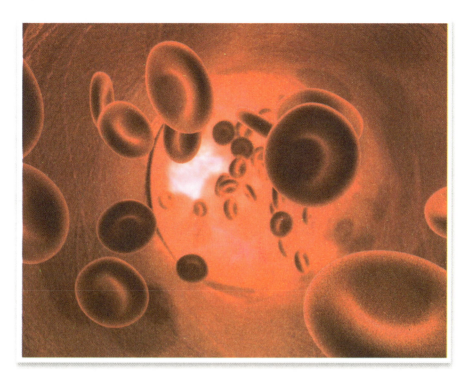

▶ 血液从心脏流出，通过血管流到全身各处

失血过多会导致死亡吗？

不小心划破皮肤就会流血，如果人体受到重创，有时会因失血过多出现生命危险。为什么人失血过多就会死亡呢？

因为血液是人体内部氧气和营养成分的流动载体，失血过多时，人体得到的氧气和营养成分就会不足，机体会出现缺氧的症状。而氧气如同食物和水，是人体代谢活动的关键物质，是生命活动的第一需要。人的生存必须依赖氧气，尤其是人的大脑，最不能缺氧。大脑长时间缺氧会造成不可逆转的损害，甚至造成死亡的严重后果。

运动后为什么食欲好?

进行体育锻炼或者体力劳动后，人就会食欲大增，比不运动吃得多。这是因为运动时呼吸加深，膈肌大幅度地上下移动和腹肌的前后运动，使胃肠得到了按摩，有助于消化。同时，锻炼时体内的消耗增加了，代谢加快了，这就要求消化器官加紧工作，更好地从食物中吸取养料来满足人体的需要。所以，运动后食欲要比平时好。

▶运动要消耗更多的能量，同时也有助于胃中食物的消化

part 4

神奇而有趣的现象

有呈四边形的太阳吗?

太阳本身是圆形的,我们看到的太阳也是圆形的,这些连没上过学的小朋友也知道。然而,凡事都有例外,有些人就看到过四边形的太阳。

其实,在接近南北极的高纬度地带,有时确实会出现四边形的太阳。在北极附近居住的因纽特人,很早之前就发现过四边形的太阳。在日本北海道的别海町,有一个叫尾岱沼的地方。据说从1月中旬到3月中旬,这里有时也会出现四边形的太阳。当然,这需要三个条件:一是气温在−20℃以下,二是晴天,三是地平线上没有云。不过,在一年之中,同时具备这三个条件的时间相当少,所以四边形的太阳是十分罕见的。

有人认为,四边形太阳是一种大气光学现象,是由于阳光穿过密度不一的大气层时产生折射造成的。但也有人认为并非如此,目前还没有令人信服的权威说法。

▶ 近似于四边形的太阳

冷水结冰比温水快吗？

一般人都觉得，要比结冰的速度，冷水自然要强过温水，因为冷水的温度低，更接近"冰点"。但事实上恰恰相反，冷水的结冰速度其实比温水要慢。

冷水结冰速度比温水慢的效应被称为"穆宾巴效应"。有科学家认为，之所以温水比冷水结冰快，是因为热水与周围环境之间的温差大于冷水与周围环境之间的温差；温差大会造成温水中水分子的能量快速散发到周围环境中。

还有一种说法认为，这种效应与水中的溶解物有关。通常，在加热过程中，水中的一些溶解物会形成固体沉淀，也就是日常生活中常见的"水垢"。而未经加热的水中仍含有这些溶解物。这些溶解物就像下雪后向路面撒的盐一样，减缓了冷水结冰的速度。

▶ 自然界的冰

土豆也可以用来照明吗?

土豆是一种蔬菜,有各种不同的烹调方法。不过,有些人并不想用这种常规的方式对待它,他们想利用它来为世界各地偏远的小镇和村庄提供照明,甚至声称利用简单廉价的金属片、电线和LED灯泡,就可以制作出一个"土豆电源"。这种说法听起来夸张极了,但其实有着合理的依据。

1780年,路易吉·伽伐尼将两片金属连接到青蛙的腿上,发现死青蛙的腿部肌肉接触电火花时会颤动,从而知道了神经元和肌肉会产生生物电。这种"动物电"也可以在动物以外被"复制"。我们可以在两块金属极之间放上其他物质,也可以获得类似的生物电。"土豆电源"的原理就是如此。将土豆制成电池,只需要两块金属,一块作为阳极,是电势低的电极,如锌;另一块作为阴极,是带正电荷的电极,如金属铜。土豆内部的酸性物质会与锌和铜发生化学反应。当电子从一端流向另一端时,电能就被释放出来。据说,一个土豆就足够为一个房间的LED灯泡提供40天左右的电能。

▶普通的土豆

面粉也能发生爆炸吗？

众所周知，面粉的主要成分是淀粉，而淀粉是一种碳水化合物，由糖分子链接而成。如果你用火点过棉花糖，就会发现，糖其实是极易燃烧的。面粉也是如此。

一般来说，当面粉或其他碳水化合物以粉尘的形式飘浮在空气中时，就具有一定的可爆炸性。研究证实，当每立方米空气中含有50克左右的面粉粉尘时便可点燃。面粉的颗粒非常细小，一旦遇到明火便会立即燃烧。更可怕的是，当一颗面粉颗粒燃烧时，它会点燃其附近的其他颗粒，于是无限蔓延的燃烧的雾状面粉便会产生爆炸效应。

事实上，不仅仅是面粉，绝大部分碳水化合物粉尘在空气中达到某种浓度时，一旦点燃，都有可能产生爆炸，包括糖、精细的锯末等。

▶ 飞散的面粉

换种颜色也能改变室温吗？

颜色是分冷暖色的，这种颜色的冷暖事实上是人的心理作用造成的，与真实的温度并没有直接关系。

例如，当人们看到红橙黄这些近似火焰的颜色时，就容易联想到火、太阳、热血等，因此心理上会产生一种温暖的感觉；而当人们看到蓝青色时，往往会联想到冰天雪地、海洋或天空，心理上会产生一种凉爽或寒冷的感觉。

根据颜色的这种冷暖特性，人们可以利用颜色来调节人们的"心理温度"。有些餐馆的老板很爱耍小聪明。当冬天快来时，他们为了晚点儿开空调，便将墙壁的颜色由冷色换成暖色。这样做的效果是显著的，客人的抱怨声大大减少了。这样既节省了开销，又支持了环保，真是两全其美。

▶蓝色的墙面

梦游的人是在做梦吗？

梦游常被看成是一种病，被称为"梦游症"。这种病症多见于6~12岁的男孩。科学家通常把梦游定义为一种在睡眠过程中尚未清醒而起床在室内或户外行走，或做一些简单活动的睡眠和清醒的混合状态，其持续时间从数分钟到半小时不等。

一般来说，梦游者在发作时会从睡眠中"醒来"，眼睛突然凝视但不看东西，然后下床，在意识蒙眬的情况下进行某种活动。奇异的是，在下床行走时，尽管周围漆黑一片，但他们一般都行走自如，不会碰到什么东西。而在发作后，他们大多能自动回到床上继续睡觉。次晨醒来，他们对晚间发生的事茫然不知。

看到这里有人就会问："梦游者是不是正在做梦，并根据梦里的情境在走动呢？"可是科学研究发现，梦游与做梦并没有关系。根据脑电波的记录分析，梦游是在沉睡阶段并非快速眼动睡眠阶段发生的事，在此阶段人是不会做梦的。那他们究竟是在做什么呢？遗憾的是，关于梦游的原因众说纷纭，至今仍没有一个确切的答案。

▶ 在树林里睡觉的女孩

▶ 熟睡的婴儿

婴儿的骨头比成人多吗？

同样是人，但是骨头的数量并不相同。例如，新生婴儿的骨头多达305块，而成人的骨头共有206块。这究竟是为什么呢？

原来，新生儿的骨头有很多还未发育完全，其中很多骨头在发育中会逐渐合并。例如，新生儿的骶骨有5块，长大后会合并为1块；新生儿的尾骨是可以分得开的24块，长大后会合成1块；新生儿有2块髂骨、2块坐骨和2块耻骨，长大后会合并成2块髋骨。还有，因为"囟门"没有合并，新生儿的整个颅骨可以分为十几块，而成年人的颅骨虽然也有好几块，但是数目已经减少了许多。

此外，新生儿的骨头往往是以软骨的形式存在的，其中有一些在后来并不会骨化，而是保持软骨的状态。

妈妈的手真的能治病吗？

在生活中，我们常常看到这样的现象：有的小孩子一肚子疼就找妈妈，而当妈妈把她那暖暖的掌心贴在他们的小肚皮上，很专心地揉肚子时，他们就会觉得舒服多了。难道妈妈的手真的可以治病吗？

其实，这种效果并不是只有妈妈的手能做到，但妈妈的手确实容易比其他人的手带来更好的效果。因为妈妈的手上还包含了"母爱"，能让孩子感觉平安和舒适。这种爱透过手传递到孩子的肚子上，才会使疼痛更快消失。

事实上，这样的现象在临床治疗上也存在。临床实验证明，握住一个被痛苦折磨的病人的手，或抚摸一个发热的病人的额头，都能对病人的身体产生良好的影响。即便是深度昏迷的病人，当他的手被医生或者亲属握住时，他的心率和脑电图也常常会得到一定程度的改善。

▶ 关爱孩子的妈妈

▶一位白发老妇人

老人为什么只听得见坏话？

　　生活中有一种奇怪的现象，就是那些耳背的老人往往听不到别人说他的好话，却能听到别人讲他的坏话。这是怎么回事呢？

　　原来，上了年纪耳背的老人难以听到的是高频声音，如果是低频的声音还是可以正常听清楚的。一般说来讲坏话时，人们会情不自禁地压低声音，所以自然就容易被老人听到了。这样看来，如果想说老人的坏话，那最好扯开嗓门大声说。这只是建议，绝非提倡哦。

真的存在"回光返照"吗?

一些垂危的病人在临终前突然神志清醒、精神兴奋，甚至出现话语增多、食欲增加的情况，可时间不长便辞世而去。这就是传说中的"回光返照"！

其实，"回光返照"并非一种超自然的现象。现代医学认为，"回光返照"的发生主要是由于肾上腺分泌的激素所致。科学家表示，人在濒临死亡时，大脑会迅速指示肾上腺皮质和髓质分泌诸多激素，调动全身的一切积极因素，使病人由昏迷转为清醒；由不会说话转为能交谈数句；由不会进食转为要吃要喝。这就是"回光返照"。

此外，人体细胞中还有一种储存和供应能量的特殊物质，被称为"三磷酸腺苷（ATP）"。有一部分闲置的ATP会以化学能的形式储存于身体的细胞中，当人体遇到机体内部或外界的强烈刺激，如病菌病毒的侵犯、突然遇险、濒临死亡时，它们就会迅速释放出巨大能量，暂时满足身体各器官对能量的需求。可是，ATP的能量只能维持很短的时间，所以人在临死前的"回光返照"现象常常是很短暂的，一般不会超过24小时。

▶拿着怀表的老人

肥胖也会"传染"吗?

肥胖也会"传染",这还真有些耸人听闻。这究竟是怎么回事呢?

80

▶一个过于肥胖的人

有研究发现,当亲人中的某个人变得肥胖时,其他人变肥胖的概率会增加40%左右。而更让人吃惊的是,当一个人的朋友变得肥胖时,这个人发生肥胖的概率会增加57%。最不可思议的是,这种影响似乎并不会因相隔两地而失去作用。也就是说,即使两个人的居住地点相隔很远,这种影响仍然存在。

研究指出,肥胖的"传染"很可能是通过改变人们的行为或生活方式,以及对可接受体重或体型的认知而发生作用的。例如,当一个人见到久违的好友有些胖时,他可能会因此认为稍微胖些也没什么;或是由于对方很能吃,自己也不自觉地跟着吃得更多。之后,这个人即使很长时间不见这位朋友,但自己已经改变的生活方式和观念依然会让自己开始变胖。

人死后头发还会生长吗?

埃里克·保罗·雷马克的古典小说《西线无战事》中曾提到"人死后，头发和指甲还会继续生长"，以至于有些人认为这确有其事，甚至有人还说人死之后头发和手指甲还要继续长三天。

其实，这根本就是不可能的事情。人在死后，身体的新陈代谢已经停止，此时已经没有营养去供给头发和指甲生长，所以它们自然而然就停止生长了。可是，为什么那些死去很久的人的头发和指甲看起来比以前更长了呢? 原来，人死之后尸体会脱水，皮肤会变紧，因而尸体上的头发和指甲看起来就像是长长了。

▶ 留长头发的女孩

▶ "灵魂出窍"

"灵魂"真的能出窍吗?

在生活中有极少数人曾产生过"灵魂出窍"的感觉,那是一种脱离自己身体甚至俯瞰自己身体的感觉。难道灵魂与肉体真的可以分离吗?

科学家认为,"灵魂出窍"的感觉是大脑的颞顶联合区功能失调引起的。颞顶联合区是大脑中负责处理视觉和触觉信号、从内耳发来的平衡和空间信息以及关节、肌腱、肌肉传递的感觉信号的区域。它将种种信息结合起来,让人感觉到自己身体的存在以及自身与周围环境之间的相对位置。

也就是说,如果任何由颞顶联合区整理的信息,比如我们的所在位置,在大脑中产生冲突或错位,那么我们就会立刻感到意识从身体中抽离出来——"灵魂出窍"了!

"鬼打墙"是怎么回事？

人们在漆黑的郊外走路，很容易走出一个大圈而又回到原来的地方，民间称这种现象为"鬼打墙"。难道真的有鬼在逗人玩儿不成？当然不可能。

其实，不仅是人，动物也一样。例如，被蒙住眼睛的鸡会转圈跑，失明的鸟会转圈飞，被蒙住眼睛的狗在水里也会转着圈游泳。为什么会出现这样的情况呢？

科学家研究认为，转圈运动是一种基本运动。举例来说，上紧发条的玩具车在地上跑，很少沿着直线跑，要么跑弧线，要么转着圈跑。如果想让小车沿直线行驶，小车两边轮子就必须绝对平衡，还要排除地面不平的情况。人在漆黑的环境中绕圈走也是同样的道理。

一般来说，人在白天或熟悉的环境中走路，会注意自己的脚步，并用自己的感觉器官随时调整方向。但是，如果在一个漆黑且陌生的环境中走路，即便想走直线也会变得困难。且不说人的两条腿总是有一点儿差异（骨骼、肌肉等差异），即便人体是完全对称的，也要每一步都迈出绝对相同的距离，这显然是不可能的。

▶ 在森林里迷失的人

"第六感"真的存在吗?

现在已有证据表明,人类除视觉、听觉、嗅觉、味觉和触觉五种感觉以外,确实存在"第六感"。"第六感"的学术名称为"超感官知觉"(简称ESP),它能透过正常感官之外的渠道接收信息,预知将要发生的事,而且与当事人之前的经验累积所得的推断无关。

通常认为"超感官"是指现今科学还不熟悉的信息获取方式。美国科学家已经确认人类大脑中一个区域能明显地应对早期警示信号。这一区域被称为"前扣带皮质(ACC)",位于大脑前叶上半部,沿着区分左右脑的隔膜分布。研究人员表示,当人们有可能犯错误时,或者在必须做出困难决定之前,"前扣带皮质"实际上已经感觉到,它在大脑对外界的认知与反应中起着一个早期警告作用。当人们的行为可能导致负面结果时,"前扣带皮质"便预先发出警告,让人们小心行事。

奇妙的现象

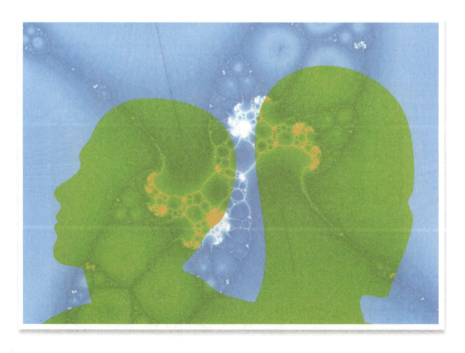

▶ "超感官知觉"

死不瞑目是怎么回事?

据说关羽被杀后死不瞑目，后来他的首级被送到曹操那里，结果把曹操吓得昏了过去。这虽然是小说中的情节，难免有些夸张成分，但在现实中也确实有一些人会死不瞑目。

一般来说，死不瞑目的人都是遇到横祸、惊惧、暴怒等意外而猝死，或因悲愤、心事重重、耿耿于怀而死的人，他们大多

▶ 深邃的眼眸

是睁着双眼离开人世的，且只有在别人的帮助下才能合上双眼。对于这种现象，生命科学家们给出了一种说法：人面部的神经、肌肉异常丰富，在愤怒、恐惧时，人往往会睁大眼睛，如果此时不幸猝死，脸部肌肉可能会来不及"回收"，便定格在那种睁着双眼、死死盯着某个方向的状态。

有趣的是，"死不瞑目"在警方破案和查证死因时竟然还能提供帮助。原来，人的视网膜就好比照相机的底片，能记录下当时"拍摄"到的景象。人被害后，这些景象就定格在视网膜上，侦察人员可利用视网膜上的"录像"破案。不过，"录像"的外在条件十分苛刻，如果受害者看不清凶手，就无法留下线索。此外，"录像"保留的时间也十分短暂。